Urban Brunner

Einführung in die Modellbildung und Simulation ereign

I0013305

Urban Brunner

Einführung in die Modellbildung und Simulation ereignisgetriebener Systeme mit Stateflow

GRIN Verlag

Bibliografische Information der Deutschen Nationalbibliothek: Die Deutsche Bibliothek
verzeichnet diese Publikation in der Deutschen Nationalbibliografie; detaillierte bibliografische Daten sind im Internet über http://dnb.d-nb.de/ abrufbar.

1. Auflage 2009
Copyright © 2009 GRIN Verlag
http://www.grin.com/
Druck und Bindung: Books on Demand GmbH, Norderstedt Germany
ISBN 978-3-640-61359-5

Einführung in die Modellbildung und Simulation Ereignis-getriebener Systeme mit *Stateflow*®

Urban Brunner, Karlsruhe

1 Einleitung

Technische Systeme müssen auf Ereignisse reagieren. Dazu benötigen sie eine Steuerlogik, die den zu automatisierenden Prozess beim Auftreten solcher Ereignisse in gewünschter Weise beeinflusst. Man spricht auch von reaktiven Systemen. Ist das dynamische Verhalten eines technischen Prozesses ursächlich sowohl durch zeit-kontinuierliches Verhalten, meist beschrieben durch Differentialgleichungen, als auch durch reaktives ereignisgetriebenes Verhalten geprägt, so liegt ein gemischt konti-nuierlich-diskretes System, ein sog. hybrides System vor. Beispiele hybrider Systeme sind gesteuerte Produktionsprozesse, Regelungen mit veränderlicher Struktur, Ver-kehrssysteme – im Grunde genommen alle hierarchisch organisierten Systeme.

Ein hybrides System besteht aus einem oder mehreren kontinuierlichen zeitgetriebe-nen Teilsystemen und mindestens einem bzw. mehreren diskreten ereignisgetriebenen Teilsystemen. Stateflow ist ein Zusatz zu Simulink, um hybride Systeme beschreiben und mittels animierter Simulation analysieren zu können. In Stateflow wird ein ereignis-getriebenes System graphisch und dessen Schnittstelle zu einem mit Simulink-Blöcken beschriebenen zeitgetriebenen System textuell spezifiziert. Formal basiert Stateflow auf (erweiterten) Zustandsautomaten und orientiert sich an der von Harel [1] einge-führten Notation für Statecharts. Statecharts schließen die üblichen Modellarten zur Beschreibung diskreter Systeme ein. Einen guten Überblick über die gebräuchlichsten Modellarten, wie Endliche Automaten, Markov-Ketten, Petri-Netze und Warteschlan-gen, vermittelt [2].

Stateflow ist als eine Erweiterung von Simulink konzipiert, wobei eine benutzerfreund-liche Oberfläche und eine durchgängige Unterstützung beim Entwurf von reaktiven Systemen im Vordergrund stehen [3]. Insbesondere unterstützt Stateflow die Modell-bildung von hierarchisch aufgebauten ereignisgetriebenen Systemen. So können größere Modelle strukturiert, d.h. bottom-up und/oder top-down, entwickelt werden. Die Interaktion zwischen den ereignisgetriebenen Teilsystemen beruht auf der synchronen Kooperation [4], [5]. Überdies können mit Stateflow Entscheidungssituationen graphisch beschrieben werden in einer an Flussdiagrammen orientierten Form, die auch den Aufruf von MATLAB- und C-Funktionen zulässt. Schließlich kann aus der Modellbeschreibung mit Stateflow Coder und Real-Time Workshop ausführbarer Code generiert werden. Dadurch wird die Konsistenz zwischen beschriebenem Modell bzw. simuliertem Verhalten und implementiertem Code garantiert.

Anhand der Konstruktion eines einfachen Beispiels wird in Kapitel 2 das Werkzeug Stateflow vorgestellt. Die eigentliche Modellbildung mit Stateflow wird dann in Kapitel 3 gezeigt. In Kapitel 4 werden einige Besonderheiten der Notation und Semantik von Stateflow dokumentiert. Für eine Beschreibung aller Stateflow Menus und Befehle wird auf das Manual [3] sowie die integrierte Help-Funktion **sfhelp** verwiesen. Schließlich wird in Kapitel 5 anhand eines kleinen Projekts ein systematischer Steuerungsentwurf mittels Stateflow demonstriert.

2 Konstruktion und Simulation eines einfachen Simulink/Stateflow-Modells

Um mit Stateflow arbeiten zu können, muss zuerst MATLAB gestartet werden. Mittels Eintippen von **sfnew** in das MATLAB-Kommandofenster oder mittels Doppelklick auf *New Chart* im Launch Pad wird ein neues Simulink Model mit einem leeren *Chart*-Block erzeugt. Ein *Chart*-Block, auch Stateflow-Block genannt, ist ein Simulink-Baustein und muss demzufolge immer in einem Simulink-Modell eingebettet sein. Ein Stateflow System, eine sog. Stateflow *Machine*, besteht aus einem oder mehreren *Chart*-Blöcken, die wie gewöhnliche Subsysteme in Simulink durch Eingangs- und Ausgangssignale mit andern Simulink-Blöcken interagieren und auf den MATLAB-*Workspace* Zugriff haben (vgl. Abb. 2-1). Das Erstellen eines Stateflow Systems geschieht objektorientiert und zwar auf zwei Stufen. Einerseits werden graphische Objekte mit dem Editor zu einem Zustandsdiagramm zusammengebaut. Andererseits werden mit dem *Explorer* über Dialogfenster die nicht-graphischen Objekte *Events* und *Data* definiert, die im Wesentlichen das Interface zum umgebenden Simulink-Modell beschreiben.

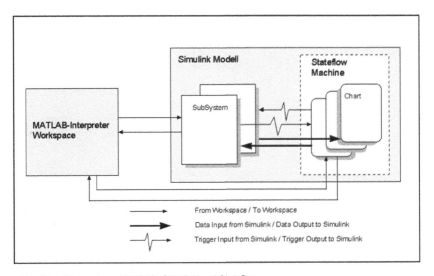

Abb. 2-1: Verbund von MATLAB, Simulink und Stateflow

3

2.1 Der Editor

Der Editor wird durch Doppelklicken auf den *Chart*-Block gestartet. Mit dem Editor können per Maus graphische Elemente, wie Zustände und Transitionen, zu einem Zustandsdiagramm zusammengebaut werden. Abb. 2-2 zeigt das Stateflow *Editor* Fenster. Am linken Rand ist die Objektpalette für die graphischen Elemente zu erkennen, die mittels Drag and Drop auf die Arbeitsfläche gezogen und miteinander verknüpft werden können. Auf der Arbeitsfläche ist das Stateflow *Diagram* des Simulink-Modells stoppuhr.mdl zu sehen. Das dargestellte Zustandsdiagramm besteht aus den drei Zuständen (bezeichnet als Ruhezustand, Zeit_steht und Zeit_läuft) sowie den vier Transitionen (bezeichnet als Start, Stop und Reset).

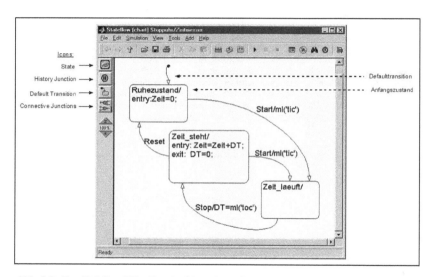

Abb. 2-2: Das Stateflow Editor Fenster (stoppuhr.mdl)

Ein Zustand wird eingefügt, indem man im linken Toolbar auf das Icon *State* klickt und dieses auf die Arbeitsfläche zieht. Durch Loslassen der linken Maustaste wird der Zustand auf der Arbeitsfläche platziert. Die Größe des den Zustand darstellenden Rechtecks kann durch Ziehen an den Ecken verändert werden, wodurch u.a. eine Ver-schachtelung von Zuständen graphisch dargestellt werden kann. Transitionen können direkt; d.h. ohne Anklicken eines Icons gezeichnet werden. Dazu wird der Mauszeiger auf den Rand des Ausgangszustands bewegt, wo der Mauszeiger die Form eines Fadenkreuzes annimmt. Nun drückt man die linke Maustaste und bewegt die Maus bei gedrückter Taste zum Destinationszustand. Zustände und Transitionen werden durch Anklicken des zugehörigen Fragezeichens und Eintippen eines Namens bezeichnet. Dabei können auch die ggf. auszuführenden Aktionen in Form von MATLAB-Anweisungen eingegeben werden. Ist das Fragezeichen einer Transition im Fenster

4

nicht sichtbar, so genügt ein Anwählen der Transition durch Mausklick und es wird wieder angezeigt. Zustände und Transitionen können per Maus (linke Taste gedrückt halten und Maus ziehen) zu einer Gruppe zusammengefasst und dann als Gruppe verschoben werden.

Stateflow kennt im wesentlichen zwei Arten von auszuführenden Aktionen; nämlich Aktionen, die je nach Status eines Zustands und solche, die bei einem Zustandsübergang ausgeführt werden. Die Aktionen des Beispiels stoppuhr.mdl sind selbst erklärend. So werden mit entry:Zeit=0 beim Eintritt in den Ruhezustand die Variable Zeit gleich null gesetzt und mit ml('tic') beim Zustandsübergang Start die MATLAB-Funktion tic aufgerufen. Mit den MATLAB-Funktionen tic und toc kann die in der Zwischenzeit verstrichene CPU-Zeit bestimmt werden. Die eigentliche Syntax der *Action Language* wird in Kapitel 4.1 beschrieben. Um die nicht-graphischen Objekte einer *Stateflow-Machine* zu definieren, wird der Explorer über den entsprechenden Button im (horizontalen) Toolbar, mittels rechter Maustaste oder mit Tools.Explore... aufgerufen.

2.2 Der Explorer

Wie bereits erwähnt, wird mit dem *Explorer* das Interface zum zugehörigen Simulink-Modell definiert. Abb. 2-3 zeigt das Explorer Fenster. Im linken Teil des Fensters ist die Objekthierarchie zu sehen. Aggregierte Objekte, z.B. verschachtelte Zustände können durch Doppelklicken auf den Namen expandiert werden. Die *Stateflow-Machine* von stoppuhr.mdl enthält nur einen *Chart*-Block (den *Chart*-Block Zeitmesser), der seinerseits aus drei (nicht weiter zu expandierenden) Zuständen besteht. Im rechten Teil des Fensters sind die auf der angewählten Hierarchiestufe definierten nicht--graphischen Objekte aufgelistet. Auf Stufe Zeitmesser sind vier Ereignisobjekte (bezeichnet mit Start, Stop, Reset und Enable) sowie zwei Datenobjekte (bezeichnet mit DT und Zeit) definiert.

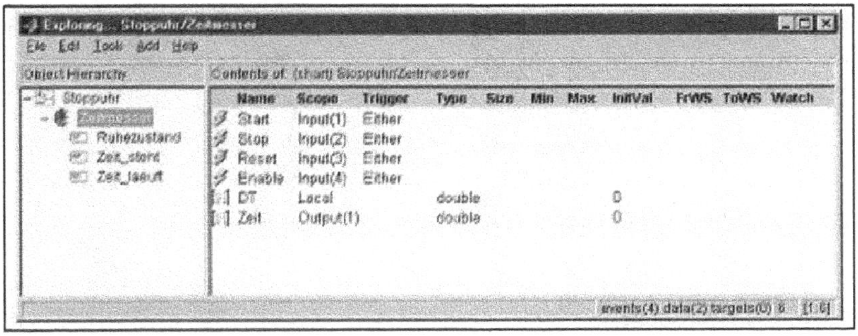

Abb. 2-3: Das Stateflow Explorer Fenster (stoppuhr.mdl)

Nicht-graphische Objekte werden mittels dem Menü *Add* eingefügt. Dabei müssen Sichtbarkeitsregeln beachtet werden. Jeder *Event* und jedes *Data* gehört zu dem Zustand (*is parented by*), in dem sie definiert werden. Deren Sichtbarkeit beschränkt sich auf diesen und die darunter liegenden Zustände. Selbstverständlich sollten bei einer größeren *Stateflow-Machine* Objekte möglichst lokal definiert werden, um Namenskonflikte und ungewollte Seiteneffekte zu vermeiden. Die Eigenschaften der Objekte, wie *Name, Scope, Trigger* etc., werden durch Anklicken des entsprechenden Felds und einer Eingabe spezifiziert. Im Beispiel `stoppuhr.mdl` sind die vier Ereignisse als steigende oder fallende Flanken (*Trigger:* `Either`) von Signalen aus dem Simulink-Modell (*Scope:* `Input from Simulink`) definiert. Die Variablen `DT` und `Zeit` sind vom *Type* `double` und werden mit null initialisiert, wobei `DT` als lokale Variable und `Zeit` als `Output` Signal zum Simulink-Modell definiert sind. Das Interface zum Simulink-Modell (vgl. Abb. 2-4) besteht somit aus einem Triggereingang mit vier Komponenten sowie einem Ausgangsport. Der Block *Manual Switch* gehört zur Simulink-Library *Nonlinear*. Während der Simulation können durch Doppelklick auf die manuellen Schalter die Ereignisse `Start, Stop` und `Reset` generiert werden. Durch ein Start-Ereignis wird die Stoppuhr gestartet. Nach einem Stop-Ereignis wird die abgelaufene Zeit im *Display*-Block angezeigt.

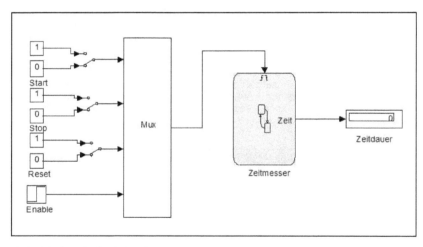

Abb. 2-4: Simulink-Modell mit Chart-Block Zeitmesser (stoppuhr.mdl)

2.3 Interpretation von Zustandsdiagrammen

Bevor ein Simulink-Modell, das ein Stateflow-Diagramm enthält, simuliert werden kann, muss die *Update Method* im Menu File.Chart Properties spezifiziert werden (vgl. Abb.

2-5). Die Update Methode bestimmt die Zeitpunkte, an denen die Simulationsroutine, der sog. *Solver*, die Zustandsdiagramme aufweckt und auswertet. Neben der Wahl der Auswertungszeitpunkte ist die Interpretation einer Statechart durch die Auswertung zu diesen Zeitpunkten gegeben. Eine durch ein Ereignis aufgeweckte Statechart wird prinzipiell top-down ausgewertet; d.h. von oben nach unten in der Objekthierarchie dieser Statechart. Oben in der Hierarchie steht die Chart selbst. Auf der nächsten Stufe stehen die direkt nachkommenden Zustände, und diese wiederum werden gefolgt von deren Nachkommen (sog. *Substates*) und so fort. Auf jeder Stufe der Hierarchie wird für die jeweils aktiven Zustände zunächst geprüft, ob *during*- oder *on event_name*-Aktionen (vgl. dazu auch Kapitel 4.1) auszuführen sind und werden ggf. auch ausgeführt, und erst dann wird geschaut, ob unter den Nachkommen dieser aktiven Zustände gültige Transitionen vorkommen, die dann schließlich auch ablaufen werden.

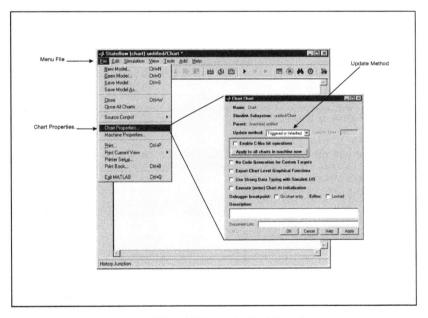

Abb. 2-5: Stateflow Editor Menu File und Dialogmaske Chart Properties...

Da auf der obersten Stufe (Stufe *Chart*) keine *during-* oder on *event_name*-Aktionen auszuführen sind, ergeben sich folgende Schritte beim Eintreffen eines Ereignisses:

1. Es wird geprüft, ob auf Stufe *Chart* unter den direkt nachkommenden Zuständen Transitionen ablaufen können.

2. Gültige (engl. valid) Transitionen laufen ab.

3. Für die verbleibenden aktiven Zustände werden gegebenenfalls *during-* und/oder on *event_name*-Aktionen ausgeführt.

4. Es wird geprüft, ob aus einem Substate heraus oder unter Substates Transitionen ablaufen können. (Dies entspricht dem 1. Schritt, nun auf Stufe Zustände.) Gehe zu Schritt 2 und führe die Schritte 2 bis 4 für die in der Hierarchie nachkommenden Zustände aus.

Diese Schritte werden solange wiederholt, bis alle Hierarchiestufen abgearbeitet sind. Da Stateflow parallele Zustände kennt (vgl. Kapitel 3.3), können auf einer Hierarchiestufe mehrere Zustände gleichzeitig aktiv sein. In Stateflow muss daher eine Abarbeitungsreihenfolge (sog. *Aktivierungsreihenfolge*) unter den jeweils aktiven Zuständen einer Hierarchiestufe festgelegt sein. Klare Kenntnisse dieser Aktivierungsreihenfolge sind für eine saubere und korrekte Modellbildung erforderlich. Leider kann die Semantik einer graphischen Programmiersprache nicht so kompakt beschrieben werden. Deshalb werden jeweils an passender Stelle, insbesondere in Kapitel 3.3 und in 4.1 entsprechende Hinweise gegeben.

Nachfolgend wird die Auswertung einer Statechart für die übliche Wahl `Triggered or Inherited` erläutert. Nebenbei diese Wahl ist auch defaultmäßig eingestellt. Bei dieser Update-Methode bestimmen die Inputs aus dem Simulink-Modell die Auswertungszeitpunkte. Sind Input-Ereignisse definiert, so triggern diese die Auswertung. Sind nur Input-Data und keine Input-Ereignisse definiert, so werden die Erneuerungszeitpunkte des „schnellsten" Input Signals als Auswertungszeitpunkte übernommen. Sind weder Input-Ereignisse noch Input-Data definiert, so wird die Auswertung mit der vom Simulink-Solver bestimmten Sample-Rate angestoßen.

Im Beispiel `stoppuhr.mdl` sind Input-Ereignisse definiert (vgl. Abb. 2-3) und die Update-Methode `Triggered or Inherited` gewählt. Somit triggert jeweils das Auftreten eines Ereignisses die Auswertung des Zustandsdiagramms und löst dadurch gegebenenfalls Zustandsübergänge und/oder Aktionen aus. Durch die Bezeichnung der Transition vom Zustand `Zeit_steht` zum Zustand `Zeit_laeuft` mit `Start` (vgl. Abb. 2-2) wird diese Transition mit dem Ereignis `Start` verknüpft. Beim Auftreten eines Ereignisses `Start` und unter der Voraussetzung, dass zu diesem Zeitpunkt der Zustand `Zeit_steht` *aktiv* ist, ist diese Transition gültig und der Zustandsübergang findet statt. Mit einer allfälligen Transition sind *implizite lokale* Ereignisse verbunden. So wird durch Stateflow vor dem Verlassen eines Zustands das implizite Ereignis `exit` ausgelöst und die zugeordnete *Exit-Aktion* ausgeführt. Im Beispiel `stoppuhr.mdl` wird DT=0 gesetzt. Daraufhin wird der Zustand `Zeit_steht` als *inaktiv* markiert und erst dann wird die der Transition zugeordnete Aktion (hier: `ml('tic')`) ausgeführt.

Anschließend werden der Zustand `Zeit_laeuft` als *aktiv* markiert und aufgrund des impliziten Ereignisses `entry` ggf. eine *Entry-Aktion* (hier: keine) ausgeführt. Damit ist die Auswertung für diesen Zeitpunkt abgeschlossen.

Zu Beginn der Simulation ist kein Zustand als aktiv markiert. Dazu dient die Defaulttransition (vgl. Abb. 2-2). Beim ersten Aufwecken einer Chart wird die Defaulttransition, bzw. für parallele Zustände werden die Defaulttransitionen ausgeführt und die entsprechenden Zustände als *aktiv* markiert. Im Simulink-Modell `stoppuhr.mdl` wird mittels dem *Step*-Block zu Beginn der Simulation ein Ereignis `Enable` generiert, um den Anfangszustand (bezeichnet mit `Ruhezustand`) als *aktiv* zu markieren.

2.4 Simulation und Animation von Zustandsdiagrammen

Für die Generierung von ausführbarem Code muss das erstellte Zustandsdiagramm, der *Chart*-Block, mit Informationen über den Ziel Code (*Target*) zu einer sog. Stateflow *Machine* vervollständigt werden. Für die Simulation mit Simulink muss Simulationscode generiert werden. Dazu muss im Editor mit Tools.Open Simulation Target... eine von Simulink ausführbare S-Function als Target angegeben und das zugehörige Target Builder Fenster geöffnet werden. Wie aus Abb. 2-6 ersichtlich ist, werden defaultmäßig jeweils nur Code für neue, bzw. geänderte Objekte generiert. Über den Button *Coder Options...* können ein weiteres Pop-up Window geöffnet und zusätzliche Optionen gewählt werden. Insbesondere besteht die Möglichkeit, die Zustandsübergänge eines *Chart*-Blocks zu visualisieren. Dazu ist die Checkbox *Enable debugging/animation* anzuklicken.

9

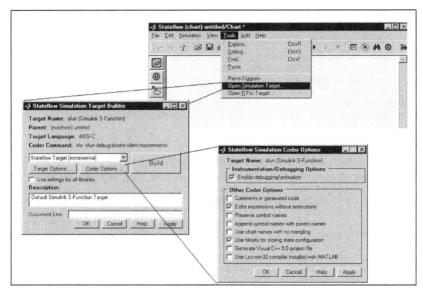

Abb. 2-6: Pop-up Windows Simulation Target Builder und Simulation Coder Options

Der Buildprozess muss nicht explizit durch einen Befehl initiiert werden. Denn durch Anklicken von *Simulation.Start* werden die folgenden Schritte ausgeführt:

- Zuerst wird das Zustandsdiagramm analysiert und entsprechender C-Code generiert (*Parsing* und *Code Generation*). Die generierten Files werden im Unterverzeichnis `sfprj` abgelegt. Dieses Verzeichnis wird bei Bedarf neu angelegt.

- Der C-Code wird zu einer von Simulink ausführbaren S-Funktion compiliert. Unter Windows wird ein entsprechendes mex-File `*_sfun.dll` generiert. (Vor der ersten Benutzung von Stateflow ist ein Setup-Vorgang des Compilers durchzuführen. Dazu gibt man im MATLAB-Kommandofenster `>>mex -setup` ein und wählt dann den mitgelieferten Compiler `Lcc` aus.)

- Die eigentliche Simulation wird gestartet.

Dieser Vorgang benötigt unter Umständen eine gewisse Zeit und kann im MATLAB-Kommandofenster verfolgt werden. Werden beim *Parsing* Syntaxfehler entdeckt, so werden diese in einem *Pop-up Window* angezeigt. Zur Überprüfung der syntaktischen Korrektheit von Zustandsdiagrammen könnte der *Parser* jederzeit während der Programmerstellung aufgerufen werden. Mit dem Befehl Tools.Parse Diagramm (vgl. Abb. 2-6), bzw. mit dem Befehl Tools.Parse können das aktuelle Zustandsdiagramm, bzw. alle *Chart*-Blöcke überprüft werden. Da im Beispiel `stoppuhr.mdl` keine kontinuier-

10

lichen Zustandsgrößen vorkommen, werden die üblichen Simulink *Simulation parameters* für den *Solver* wie in Abb. 2-7 gewählt.

Sollte einmal die Animation eines Zustandsdiagramms nicht verfolgt werden können, so mag dies folgende Ursache haben. Weil die Simulation zu schnell abläuft, kann nichts erkannt werden. Um die Simulation zu „verlangsamen", sollte in diesem Fall die Schrittweite *Fixed step size* verkleinert werden. Für die eigentliche Fehlersuche im erstellten Modell stellt Stateflow einen mächtigen Debugger zur Verfügung. Der Debugger wird in Kapitel 4.3 vorgestellt. Für die Validierung der Richtigkeit eines Modells gibt es bekanntlich kein Werkzeug; umso wichtiger ist eine umfangreiche Simulationsanalyse.

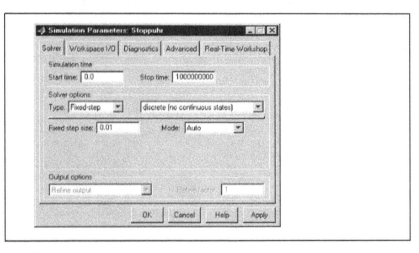

Abb. 2-7: Simulink Simulation parameters... (stoppuhr.mdl)

3   Modellbildung mit Stateflow

Die Modellbildung von dynamischen kontinuierlichen Systemen beruht bekanntlich auf den physikalischen Grundprinzipien der Erhaltung von Masse, Energie, Kraft und Impuls. Demgegenüber gelten für „künstliche" – oft vom Menschen mittels Software realisierte – ereignisgetriebene Systeme keine solchen Erhaltungssätze. Dies ist vermutlich der tiefere Grund, weshalb für ereignisgetriebene Systeme keine generelle Modellbildungsmethodik und keine einheitliche Beschreibungsform existieren. Stateflow vereinigt die Vorteile der Automatentheorie mit Elementen der Statecharts, wie Hierarchie und parallele Ereignisverarbeitung, und ermöglicht so eine nahezu 1:1 Nachbildung der verbreiteten Modellarten für ereignisgetriebene Systeme mittels Stateflow. Beispielsweise wird in [6] die Konvertierung sicherer Petri-Netze in Statecharts beschrieben. Die in der Steuerungstechnik sehr verbreiteten *Sequential Function Charts* sind (interpretierte) sichere Petri-Netze.

3.1 Sicht und Modellbildung

Stateflow legt der Beschreibung der realen Welt eine realitätsnahe objektorientierte Sicht zugrunde, wobei die inhärente Zerlegbarkeit von technischen Systemen in Teilsysteme (Objekte) als wichtigstes Strukturierungsmittel dient. Die Komposition von Teilsystemen, respektive die Dekomposition in Teilsysteme ermöglicht eine schrittweise Modellentwicklung. Die Teilsysteme ihrerseits werden als endliche Zustandsautomaten modelliert, die zusätzlich noch Attribute besitzen können. Im Beispiel stoppuhr.mdl sind dies die Variablen DT und Zeit. Der Gesamtzustand (quasi das Gedächtnis) des Systems, der bekanntlich die Vergangenheit repräsentiert, ist jeweils durch die momentan aktiven Zustände erweitert um die aktuellen Werte der Attribute gegeben.

Ereignisgetriebene Systeme werden durch Sequenzen von qualitativen Änderungen im System (*Ereignisse*) beschrieben. Abb. 3-1 zeigt den typischen Verlauf einer Zustandsgröße und die zugehörige Ereignissequenz. Zustandsgrößen nehmen logische oder symbolische (selten numerische) Werte an. Man spricht daher auch von diskreten Ereignissystemen (*discrete event systems*). Aus Abb. 3-1 ist auch ersichtlich, dass Ereignisse keine zeitliche Ausdehnung besitzen. Das Systemverhalten eines ereignisgetriebenen Systems wird formal durch die Menge aller seiner möglichen Ereignissequenzen beschrieben.

Ausgangspunkt der Modellbildung sind die im System auftretenden Ereignisse. Die Anzahl der Ereignisse eines (Teil-)Systems ist in etwa gleich der Anzahl der Zustandsgrößen eines kontinuierlichen (Teil-)Systems und somit überschaubar. Auch die logischen und damit die zeitlichen Abhängigkeiten zwischen den einzelnen Ereignissen sind meist leicht erkennbar. Hingegen kann die Menge der möglichen Ereignissequenzen nicht immer in einer geschlossenen Form angegeben werden und im ungünstigsten Fall müssen die Ereignissequenzen einzeln aufgezählt werden. Der Zustandsautomat, der das System beschreibt, muss dann iterativ durch sukzessives

Hinzufügen von Ereignissequenzen konstruiert werden, was für größere Systeme nur mit Hilfe eines Werkzeugs ausgeführt werden kann [7]. Eine explizite Beschreibung der resultierenden Zustandsmenge ist beispielsweise für eine (formale) Erreichbarkeitsanalyse oder die Synthese einer Steuerung nach [8] erforderlich. Demgegenüber benötigt eine Analyse ereignisgetriebener Systeme mittels Simulation keine explizite Konstruktion dieser Zustandsmenge. Als universelles Simulationswerkzeug bietet Stateflow die dazu benötigten Modellierungskonzepte an.

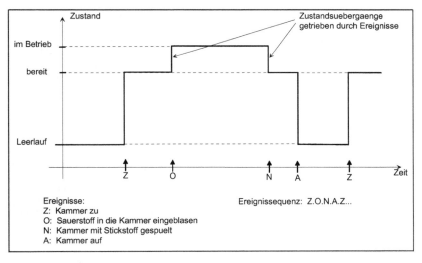

Abb. 3-1: Verlauf einer Zustandsgröße und zugehörige Ereignissequenz

3.2 Sequentielle Zustände (Exclusive Decomposition)

Wie erwähnt werden ereignisgetriebene Systeme durch die Menge der möglichen Ereignissequenzen spezifiziert und können durch endliche Zustandsautomaten, die diese Ereignissequenzen generieren, modelliert werden. Umgekehrt können endliche Zustandsautomaten Ereignissequenzen erkennen. Man sagt auch, dass der Zustandsautomat die durch die Menge der Ereignissequenzen definierte (formale) Sprache akzeptiert. Beim Erkennungsvorgang ist jeweils exklusiv ein Zustand aktiv und dieser aktuelle Zustand repräsentiert die bis dahin abgelaufene Ereignissequenz. Die *Exklusive Decomposition* ("OR-Verknüpfung") ist in Stateflow die defaultmässige Verknüpfung beim Hinzufügen eines neuen Zustands in ein Zustandsdiagramm. Ein gewöhnlicher endlicher Zustandsautomat entspricht einer Exclusive Decomposition eines *Superstates,* bzw. einer Chart.

Eine typische Aufgabe im Rahmen einer Steuerungsanwendung ist gerade dieses Erkennen von Ereignissequenzen. Als Beispiel wird hier die Auswertung einer Doppellichtschranke angeführt. Für eine Parkhaussteuerung wird eine Ein-/Ausfahrtdetektion benötigt. Dazu wird eine Doppellichtschranke gemäß Abb. 3-2 eingesetzt. Die beiden Lichtschranken E1 und E2 sind so angeordnet, dass ihr Abstand kleiner ist als die minimale Wagenlänge. Es soll eine Teilsteuerung entworfen werden, welche aus den beiden binären zeitkontinuierlichen Signalen E1 und E2 ermittelt, ob ein Auto ein- oder ausgefahren ist und daraufhin den Ausgang A1 (Einfahrt), bzw. den Ausgang A2 (Ausfahrt) setzt. Bei der Lösung der Aufgabe muss beachtet werden, dass ein Fahrer während einer Ein- bzw. Ausfahrt seine Absicht ändern und den Wagen wieder zurücksetzen kann. Hingegen darf vorausgesetzt werden, dass die Lichtschranken nicht mutwillig, z.B. durch eine plötzlich zwischen den Lichtschranken auftretende Person, gestört werden und dass die Steuerung genügend schnell ist, um auch schneller fahrende Autos zu verfolgen.

Im betrachteten (Teil-)System können vier Ereignisse unterschieden und auch detektiert werden; nämlich das Unterbrechen und das Schließen der beiden Lichtschranken E1 und E2. Die Ereignisse und ihre Erscheinungsformen als steigende, bzw. fallende Flanken werden mit a und c, bzw. mit b und d bezeichnet. Die Ereignissequenzen $s_{Einfahrt}$=a.c.b.d und $s_{Ausfahrt}$=c.a.d.b beschreiben eine Einfahrt, bzw. eine Ausfahrt und s_{Eabge}=a.c.d.b oder s_{Eab}=a.b sind Beispiele abgebrochener Einfahrtssequenzen.

Mit Stateflow können sowohl getaktete als auch asynchrone Zustandsautomaten simuliert werden. Bei der asynchronen Funktionsweise wird der Zustandsautomat durch die Ereignisse selbst, d.h. die Flanken der Eingangssignale angestoßen, während bei der getakteten ein zusätzliches Taktsignal die Auswertung der Eingangssignale und gegebenenfalls einen Zustandsübergang initiiert. Das Zustandsdiagramm in Abb. 3-3 zeigt die prinzipielle Struktur zur Sequenzerkennung mittels eines asynchronen Zustandsautomaten.

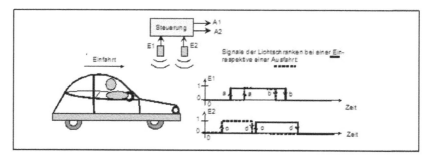

Abb. 3-2: Anordnung und Signale der beiden Lichtschranken

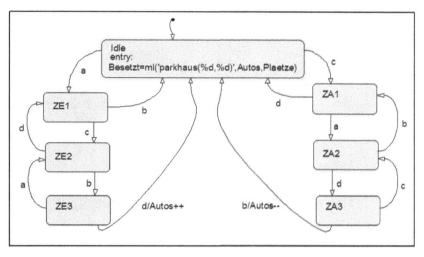

Abb. 3-3: Zustandsdiagramm zur Sequenzerkennung (parkhaus_asynchron.mdl)

In der linken Bildhälfte ist der vierstufige Erkennungsvorgang einer Einfahrtssequenz zu sehen. Sobald das letzte Ereignis einer Einfahrt detektiert ist, wird in der zugehörigen Transitionsaktion die Variable Autos um eins erhöht. Beim Eintritt in den Zustand Idle wird jeweils die MATLAB-Funktion parkhaus.m mit den aktuellen Parametern Autos und Plaetze aufgerufen. Die Funktion parkhaus.m prüft, ob das Parkhaus besetzt ist:

```
function [besetzt]=parkhaus(autos,plaetze)

if autos>=plaetze besetzt=1; else besetzt=0; end;
```

Die zugehörigen Ereignis- und Datendefinitionen sowie das Simulink-Modell parkhaus_asynchron.mdl sind in Abb. 3-4 wiedergegeben. Man erkennt die Definition der vier Ereignisse a, b, c und d als steigende, bzw. fallende Flanken der Input-Signale vom Simulink-Modell. Da Stateflow beim Hinzufügen eines Ereignisses mit Scope Input from Simulink (Add.Event.Input from Simulink) die Dimension des Input-Vektors automatisch um eine Komponente erweitert, müssen die Lichtschrankensignale zweimal auf den *Mux*-Block geführt werden, um den steigenden bzw. fallenden Flanken unterschiedliche Ereignisse zuordnen zu können (vgl. Simulink-Modell von Abb. 3-4: Simulink-Modell *und Definitionen der Schnittstelle (parkhaus_asynchron.mdl).* Zuletzt wird die Variable Plaetze als Konstante definiert und mit dem Wert fünf initialisiert.

15

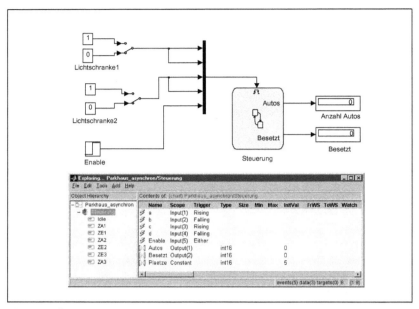

Abb. 3-4: Simulink-Modell und Definitionen der Schnittstelle (parkhaus_asynchron.mdl)

Üblicherweise wird für eine solche Aufgabe ein Mikrocontroller eingesetzt, der hier für die Simulation als ein getakteter Zustandsautomat (vgl. Beispiel parkhaus_getak-tet.mdl) modelliert werden kann. Das entsprechende Zustandsdiagramm ist in wiedergegeben. In der linken Bildhälfte ist wiederum der vierstufige Prozess zur Erkennung einer Einfahrt programmiert, wobei jetzt sämtliche Transitionen an Bedingungen (sog. *Guards*) geknüpft sind. Ein Zustandsübergang kann nur stattfinden, falls die zugehörige Bedingung erfüllt ist. Syntaktisch werden Bedingungen bei der Transitionsbeschriftung in eckige Klammern gesetzt; z.B. [E1==1 & E2==0]. Abb. 3-6 zeigt das Simulink-Modell parkhaus_getaktet.mdl sowie die Definition dessen Schnittstelle zur Steuerung. Man beachte die Unterschiede bei der Definition der Ereignisse und Daten. Bei beiden Varianten wird Triggered or Inherited als *Update*-Methode gewählt.

16

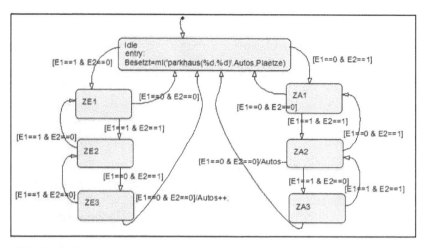

Abb. 3-5: Zustandsdiagramm zur Sequenzerkennung (parkhaus_getaktet.mdl)

Auf der beigefügten CD befinden sich noch zwei weitere Varianten dieses Beispiels; nämlich `parkhaus_sampled.mdl` und `parkhaus_inherited.mdl`. Zur Modellierung eines getakteten Automaten werden kein externes Taktsignal und keine explizite Definition eines Taktereignisses benötigt, stattdessen wird die *Update*-Methode `Sampled` mit entsprechender *Sample Time* gewählt (vgl. `parkhaus_sampled.mdl`). Schließlich kann neben der ereignisgetriebenen und der getakteten auch eine datengetriebene Sichtweise (*Dataflow*) eingenommen und mit Stateflow modelliert werden. Denn bei der Update-Methode `Triggered or Inherited` wird unter der Voraussetzung, dass keine Input Ereignisse definiert sind, die *Statechart* jeweils zu den Erneuerungszeitpunkten der Input Daten ausgewertet. Diese datengetriebene Sichtweise liegt dem Beispiel `parkhaus_inherited.mdl` zugrunde. Nebenbei sei noch auf die Möglichkeit hingewiesen, dass Teilsysteme eines Systems unter verschiedenen Sichtweisen betrachtet und modelliert werden können. Dazu sind die Teilsysteme durch einzelne Charts einer Stateflow-Machine mit entsprechenden Chart *Properties* (Update-Methode) zu beschreiben.

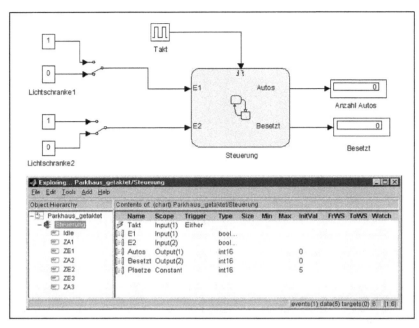

Abb. 3-6: Modell und Definitionen für getakteten Automaten (parkhaus_getaktet.mdl)

3.3 Parallele Zustände (Parallel Decomposition)

Bei einem Produktionsprozess laufen Teilprozesse, oft räumlich getrennt auf verschiedenen Maschinen, nebeneinander ab. Man spricht von *nebenläufigen* oder *parallelen Prozessen*. Es ist dann die Aufgabe der Steuerung, die Prozesse mit einem dazu bereitgestellten Synchronisationsmechanismus zu koordinieren. Bei der Komposition von zwei unabhängigen (parallelen) Prozessen, jeder beschrieben durch einen endlichen Zustandsautomaten mit n_1 bzw. n_2 Zuständen, resultiert bekanntlich aufgrund der Zustandskombinationen ein endlicher Zustandsautomat mit $n_1 \cdot n_2$ Zuständen (sog. „kombinatorische Explosion"). Hier greift nun die *Parallel Decomposition* und vermeidet die für Simulationszwecke unnötige Konstruktion der Zustandsmenge.

Parallele Zustände werden erzeugt, bzw. Zustände können parallelisiert werden, indem man außerhalb dieser Zustände mit der rechten Maustaste in das Editor Window klickt und im eingeblendeten Menü *Parallel Decomposition* ("AND-Verknüpfung") selektiert. Abb. 3-7 zeigt einen *Superstate*, der aus drei parallelen *States* aufgebaut ist. Die States, die hier Teilprozesse darstellen sollen, haben ihrerseits eine Zerlegung in sequentielle (exklusive) *Substates*.

18

Vergleichbar mit Petrinetzen [9] kann bei Statecharts die Parallelität von Zuständen graphisch beschrieben werden. Parallele Zustände werden durch eine gestrichelte Zustandsumrandung dargestellt. Zudem wird von Stateflow die Aktivierungsreihenfolge unter den parallelen und somit jeweils gleichzeitig aktiven Zuständen durch eine Ziffer in der rechten oberen Ecke der Zustandsumrandung angezeigt. Denn auf einem Ein-Prozessorsystem müssen parallele Zustände quasi gleichzeitig, d.h. nacheinander aktiviert werden. Die Aktivierungsreihenfolge selbst wird durch die graphische Anordnung der parallelen Zustände bestimmt, wobei oben vor unten und auf gleicher Höhe links vor rechts gelten (vgl. Abb. 3-7). Ob wirklich alle parallelen States eines aktiven Superstates auch aktiv sind, kann mit dem Debugger und der Option *State Inconsistency Check* (vgl. Abb. xy) während einer Simulation überprüft werden. Sollte eine Zustandsinkonsistenz auftreten, könnte dies ein Hinweis dafür sein, dass nicht alle parallelen Teilprozesse durch entsprechende Defaulttransitionen richtig initialisiert sind. Neben der Initialisierung von States kann mittels einer *History Junction* festgelegt werden, dass beim Wiedereintritt in den zugehörigen Superstate derjenige Substate aktiviert werden soll, der vor dem letzten Verlassen des Superstates aktiv gewesen ist.

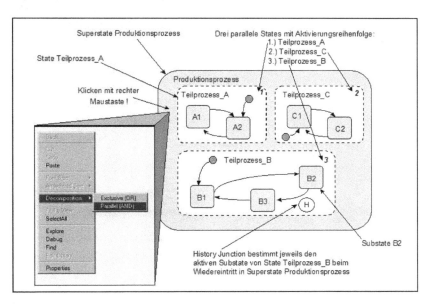

Abb. 3-7: Dekomposition eines Superstates in drei parallele States

Die Synchronisation unter parallelen Prozessen geschieht durch Senden und Empfangen von (meist lokalen) Ereignissen. Dazu sendet ein Prozess, üblicherweise innerhalb einer Transitionsaktion, ein Ereignis aus. Bei einem *Event Broadcast* event_name ist die Menge der möglichen Empfänger durch die Sichtbarkeit des

Ereignisses gegeben, wobei nur zu diesem Zeitpunkt aktive Zustände das Ereignis empfangen und ggf. darauf reagieren können. Anderseits kann ein Ereignis mittels *Directed Event Broadcast* send(event_name, state_name) oder Qualifizierung des Ereignisses state_name.event_name an einen bestimmten Zustand gesandt werden, der selbstverständlich zu diesem Zeitpunkt auch aktiv sein muss, um das Ereignis zu empfangen. Sollte der anvisierte Zustand zu diesem Zeitpunkt nicht aktiv sein, bleibt der *Directed Event Broadcast* wirkungslos.

Der Synchronisationsmechanismus soll anhand eines Warteschlangensystems bestehend aus einem Kunden- und einem Serverprozess veranschaulicht werden. Das betrachtete Warteschlangensystem ist in Abb. 3-8 schematisch dargestellt. Der Kundenprozess generiert Ankunftsereignisse, deren Zwischenereigniszeiten unabhängige gleichverteilte Zufallsgrößen sind. Das zugehörige Ereignis Ankunft ist lokal auf Stufe Chart definiert (vgl. Abb. 3-8). Die ankommenden Kunden werden von einem Server bedient, wobei die jeweils benötigten Servicezeiten ebenfalls unabhängige gleichverteilte Zufallsgrößen sind. Trifft der Kunde auf einen besetzten Server, so muss er sich am Ende der Warteschlange anstellen. Wie aus dem Zustandsdiagramm von Abb. 3-9 zu erkennen ist, sendet der Kunden_prozess zum Zeitpunkt az als Transitionsaktion das (lokale) Ereignis Ankunft aus, welches vom Server_prozess empfangen wird.

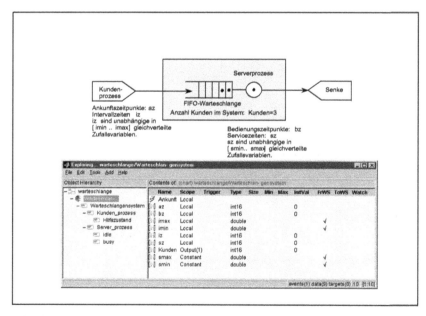

Abb. 3-8: Warteschlangensystem und die Stateflow Definitionen (warteschlange.mdl)

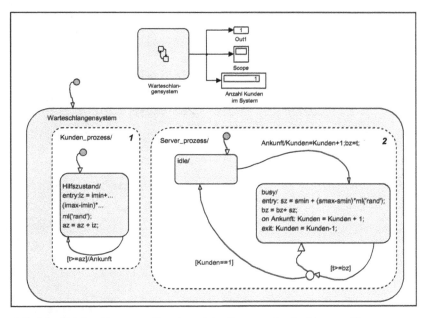

Abb. 3-9: Stateflow Diagramm mit zwei parallelen Prozessen (warteschlange.mdl)

Ist dessen Substate `idle` aktiv, so triggert das Ereignis `Ankunft` dessen Transition in den Substate `busy`, wobei als Tansitionsaktionen die Variable `Kunden` um eins erhöht und der Startzeitpunkt der Serviceleistung in der Variablen `bz` abgespeichert werden. Ist der Substate `busy` aktiv, so wird beim Eintreffen des Ereignisses `Ankunft` die zugehörige Aktion `on Ankunft: Kunden=Kunden+1` ausgeführt. Beim Eintritt in den Zustand `busy` werden die benötigte Sevicezeit `sz` und der Zeitpunkt `bz` bestimmt. `bz` gibt den Zeitpunkt an, wann der Kunde den Service erhalten haben und wann ggf. der nächste Kunde bedient werden wird. Zu diesem Zeitpunkt wird die Bedingung `[t>=bz]` wahr und somit die Transition gültig. Diese Transition besteht aus zwei Abschnitten, die durch eine sog. *Connective Junction* verbunden sind. Abhängig von der Bedingung `[Kunden==1]` ist der Substate `idle` oder der Substate `busy` der Destinationszustand der Transition. Die *Junction* zusammen mit der Bedingung entspricht einer „if ... then ... else...-Konstruktion", indem bei erfüllter Bedingung der bedingte Pfad und sonst der andere Pfad genommen wird. Dabei ist zu beachten, dass zum Auswertungszeitpunkt, wo geprüft wird, ob eine gültige Transition vorliegt, der Zustand `busy` noch aktiv ist und deshalb dessen *exit-Aktion* `Kunden=Kunden-1` noch nicht ausgeführt worden ist; d.h. der Destinationszustand der Transition ist abhängig von der Bedingung `[Kunden==1]` festzulegen. Eine alternative Programmierung zeigt Abb. 4-1. Schließlich sei darauf hingewiesen, dass der Substate `Hilfszustand` eingeführt werden muss, da der parallele State `Kunden_prozess` nicht durch eine Transition verlassen werden darf, ohne dass dabei auch alle übrigen parallelen Zustände (im Beispiel der State `Server_prozess`) verlassen werden.

Da es sich bei diesem Warteschlangensystem um ein rein ereignisgetriebenes System handelt (kein *Input from* Simulink) und die Ereigniszeitpunkte `az` und `bz` ganzzahlig *(Type* `int16`) sind, wird als *Update*-Methode `Sampled` mit *Sample Time* 1 gewählt. Lediglich für die Visualisierung der Variablen Kunden wird ein Simulink-Block benötigt. Vor einem Simulationsablauf müssen den Modellparametern `imin`, `imax`, `smin` und `smax` die interessierenden Werte zugewiesen werden. Dazu wird der MATLAB-*Workspace* (*FrWS*) benützt. Mit einem MATLAB-*Script*, wie z.B. `p_warteschlange`.m, können diese Variablen initialisiert und die Simulation aufgerufen werden:

```
imin = 2;      imax = 20;      smin = 4;      smax = 10;
rand('state',0);         % Generiert dieselbe Zufallssequenz
% ------- Aufruf der Simulation
sim('warteschlange');    % Ergebnisse in tout und yout
figure(1);     clf;
plot(tout, yout);
title(['Anzahl Kunden; imin = ',num2str(imin),...
       ', imax = ',num2str(imax),...
       ', smin = ',num2str(smin),...
       ', smax = ',num2str(smax)]);
```

Die Simulationsergebnisse mit den Simulationsparametern *Solver Options* `Fixed-Step` und `discrete (no continuous states)` sind in Abb. 3-10 aufgeführt.

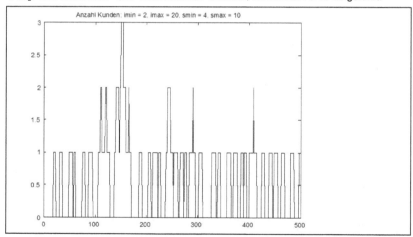

Abb. 3-10: Simulationsergebnisse (warteschlange.mdl)

3.4 Hybride Systeme (State Events)

Typisch, geradezu charakteristisch, für ein hybrides System ist die Eigenschaft, dass sich das dynamische Verhalten zu einem bestimmten Zeitpunkt aufgrund einer abrupten Strukturänderung schlagartig ändert. Diese Strukturänderung kann durch das Überschreiten eines Schwellwertes (*threshold value*) einer Prozessgröße oder eine Zeitüberschreitung (*timeout*) ausgelöst werden. Im ersten Fall spricht man von Zustandsereignissen (*State Events*) im zweiten von Zeitereignissen (*Time Events*).

Die wesentliche und durchaus auch im wörtlichen Sinne entscheidende Komponente für die Beschreibung hybrider Systeme ist der Simulink-Block *Hit Crossing*, der zusammen mit dem Simulink *Solver* Nulldurchgänge seines Eingangssignals detektiert und an seinem Ausgang signalisiert. Die *Zero Crossing Detection* beruht im wesentlichen darauf, dass Simulink nach jedem Simulationsschritt die registrierten *Zero-Crossing*-Variablen auf einen Vorzeichenwechsel überprüft und ggf. den Nulldurchgang durch Anpassung der Integrationsschrittweite und Interpolation genau ermittelt. Prinzipiell läuft die Simulation eines hybriden Systems wie folgt ab. Der durch Differential- oder Diffrenzengleichungen beschriebene kontinuierliche Systemanteil wird mit einer herkömmlichen Integrationsroutine simuliert, wobei wie erwähnt die *Zero-Crossing*-Variablen überwacht werden. Tritt ein Ereignis (z.B. ein Nulldurchgang) auf, ist ein Zustandsübergang im ereignisdiskreten Systemanteil durchzuführen, was wiederum zu weiteren gleichzeitigen Folgeereignissen mit Zustandsübergängen führen kann. Abhängig vom neuen diskreten Zustand werden die Parameter sowie die Struktur des kontinuierlichen Systemanteils bestimmt und die kontinuierliche Simulation fortgesetzt, bis erneut ein Ereignis auftritt. Eine formale Beschreibung von hybriden Systemen mittels sogenannten Netz-Zustands-Modellen ist in [10] zu finden. Dabei wird der ereignisdiskrete Systemanteil des untersuchten Zwei-Tank-Systems durch ein zeitbewertetes Petrinetz beschrieben, das mit einem Computerprogramm in ein entsprechendes Stateflow Zustandsdiagramm konvertiert wird.

Die Beschreibung eines hybriden Systems mit Simulink und Stateflow soll anhand eines auf einer Fläche springenden Balls demonstriert werden. Der Aufprall des Balls auf der Fläche führt zu einer Diskontinuität in der Bewegung, wobei unter der Annahme eines elastischen Stoßes die Geschwindigkeit des Balls ihr Vorzeichen ändert. Deshalb muss der Integratorblock, der die Zustandsgröße Geschwindigkeit modelliert, jeweils zu den Zeitpunkten eines Aufralls mit einem entsprechenden Wert neu initialisiert werden (vgl. Abb. 3-11).

Dafür sorgt der Simulink-Block *Hit Crossing*, der den Stoßzeitpunkt detektiert und den Zustandsautomaten Chart triggert. Das Zustandsdiagramm mit den zugehörigen Definitionen ist in Abb. 3-12 abgebildet. Ansonsten ist das Simulink-Modell `spring_-ball.mdl` selbsterklärend. Mit Hilfe der Zoom-Funktion kann z.B. der Ballradius, bei dem der Kontakt zur Fläche stattfindet, gesichtet werden. Mit einigen Programmzeilen (`spring_ball_darstell.m`) wird die Simulation gestartet und die Darstellung aus Abb. 3-13 erhalten:

```
sim('spring_ball',[0, 15]);    % Ergebnisse in tout und yout
figure(1);

plot(tout, yout);
title('Ballposition und Ballgeschwindigkeit');
xlabel('Zeit in s');
grid on
```

In der Funktion **sim** ist die Simulationszeit zwischen 0 und 15 Sekunden gewählt worden und kann beliebig eingestellt werden. Die Ergebnisse sind über den *Outport*-Block in den Variablen tout für die Zeit und yout für die Position und Geschwindigkeit eingefangen. Diese Variablen sind im Simulink-Modell über das Menü *Simulation, Simulation Parameter* und dann *Workspace I/O* im Bereich *Save to workspace* definiert. Die Begrenzung der Anzahl der Punkte, die in diesen Variablen eingefangen werden, wurde über die Schaltfläche *Limit data points to last ...* deaktiviert.

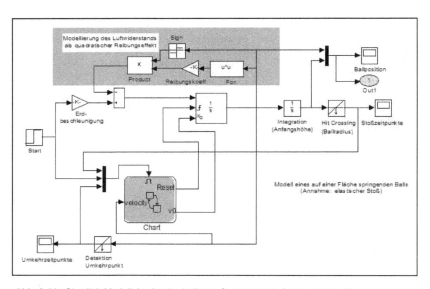

Abb. 3-11: Simulink-Modell des kontinuierlichen Systemanteils (spring_ball.mdl)

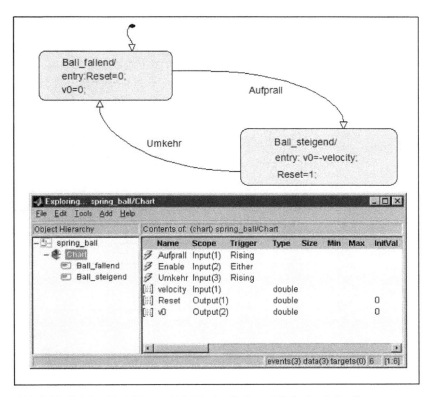

Abb. 3-12: Stateflow Modell des ereignisdiskreten Systemanteils (spring_ball.mdl)

Selbstverständlich können auf Kosten der Übersichtlichkeit hybride Systeme ohne viel Logik, wie beispielsweise der springende Ball, auch ohne Stateflow modelliert werden. Durch den Einsatz von *Switch*-Blöcken der *Nonlinear Library*, die ebenfalls registrierte *Zero-Crossing*-Variablen aufweisen, können die Zustandsereignisse detektiert und ggf. Strukturumschaltungen realisiert werden. Für einen vertieften Einblick in die Möglichkeiten von Stateflow sind die Demos der *Stateflow Library* empfohlen, wobei im Beispiel sf_stickslip.mdl die Modellierung der Reibung von besonderem (regelungstechnischen) Interesse ist.

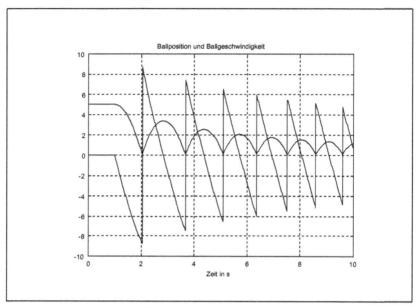

Abb. 3-13: Geschwindigkeit und Position (spring_ball.mdl, spring_ball_darstell.m))

4 Notation und Semantik von Stateflow

In den vorangehenden Kapiteln wurden anhand von Beispielen die Konzepte und Sprachelemente von Stateflow vorgestellt. Dabei konnten insbesondere die Notation und Semantik der graphischen Objekte von Stateflow kennen gelernt werden. In diesem Kapitel werden weitere wichtige Sprachelemente im Überblick, ohne jeglichen Anspruch auf Vollständigkeit aufgeführt.

4.1 Action Language

Die *Action Language* dient zur Programmierung der mit einem Ereignis oder Zustandswechsel verknüpften Aktionen. Neben den in Abb. 4-1 hervorgehobenen Kategorien kennt Stateflow zusätzlich noch die *State during Action* und *State exit Action* Kategorie.

Aktionen werden mit Transitionen durch deren Beschriftung verknüpft. Für die Beschriftung gilt die folgende Syntax, wobei jeder der vier Teile fehlen kann:

event_name [condition] {conditionaction}/transitionaction

1) `event_name` Wird bei einer Transition auf das Auftreten eines Ereignisses gewartet, steht der Name des Ereignisses ohne Klammern.

2) `[condition]` Bedingungen stehen immer in eckigen Klammern.

3) `{conditionaction}`Aktionen, die gleich nach der Prüfung der Bedingung und somit vor dem Verlassen des Zustands ausgeführt werden sollen, stehen in geschweiften Klammern.

4) `/transitionaction` Aktionen, die erst beim Durchlaufen der Transition ausgeführt werden sollen, stehen nach einem Schrägstrich.

Zur Verdeutlichung des Unterschieds zwischen einer *Conditionaction* und einer *Transitionsaction* ist in Abb. 4-1 eine zweite Variante `warteschlange_var2.mdl` aufgeführt. Alternativ wird hier die frühere *exit-Aktion* `Kunden=Kunden-1` als eine *Conditionaction* programmiert. In diesem Fall ist dann im bedingten Segment der Transition auf `[Kunden==0]` zu testen.

27

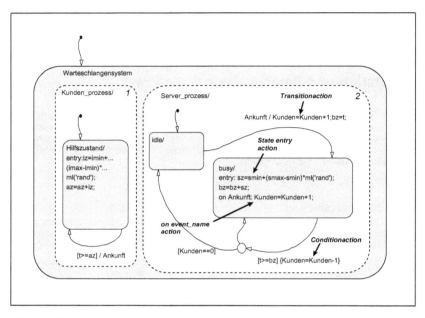

Abb. 4-1: Kategorien von Stateflow Aktionen (warteschlange_var2.mdl)

Nested Events

Wird als *Transitionaction* einer durch ein Ereignis getriggerten Transition wiederum ein Ereignis gesendet, so entsteht ein verschachtelter *Ereignisbroadcast*. Bei einem verschachtelten *Ereignisbroadcast* wird das als *Transitionsaction* gesendete Ereignis inklusive ggf. auszuführender Aktionen verarbeitet, bevor der Destinationszustand der auslösenden Transition aktiv wird.

Execution Order

Haben mehrere Transitionen denselben Ausgangszustand, ist die Aktivierungsreihenfolge zu beachten. Der Vorrang unter solchen Transitionen wird durch folgende nach ihrer Priorität geordneten Kriterien geregelt:

1. Transitionen werden aufgrund der Hierarchie in top-down Weise abgearbeitet; d.h. eine Transition, die zum Verlassen des Superstates führt, hat Vorrang gegenüber einer Transition, die zu einem Zustandswechsel innerhalb des Superstates führt.

2. Tansitionen werden aufgrund ihrer Labels abgearbeitet:

   2.1 Labels mit Ereignissen und Bedingungen

   2.2 Labels mit Ereignissen

   2.3 Labels mit Bedingungen

   2.4 keine Labels

3. Bezüglich ihres Labels gleichwertige Transitionen werden gemäß ihrer geometrischen Anordnung (im Uhrzeigersinn beginnend bei 12 Uhr) abgearbeitet.

Schlüsselwort	Kurzform	Bedeutung
`during`	du	Die folgenden Aktionen werden als Teil der *During Action* eines Zustands ausgeführt.
`entry`	en	Die folgenden Aktionen werden als Teil der *Entry Action* eines Zustands ausgeführt.
`entry(state_name)`	en(state_name)	Generiert ein lokales Ereignis beim Eintreten, d.h. wenn der Zustand `state_name` aktiv wird.
`exit`	ex	Die folgenden Aktionen werden als Teil der *Exit Action* ausgeführt.
`exit(state_name)`	ex(state_name)	Generiert ein lokales Ereignis beim Verlassen, d.h. wenn der Zustand `state_name` inaktiv wird.
`exit(state_name)`	-	Diese Bedingungsfunktion erhält den Wert wahr, wenn der Zustand `state_name` aktiv ist.
`on event_name`	-	Die folgenden Aktionen werden ausgeführt, wenn das Ereignis `event_name` in einem Broadcast gesendet wird.
`send(event_name, state_name)`	-	Sendet das Ereignis `event_name` zum Zustand `state_name` (gerichteter Broadcast).
`matlab(evalString, arg1,arg2,...)`	ml()	Ruft eine Funktion unter Benützung der MATLAB Funktionsnotation.

Tabelle 4-1: Schlüsselwörter der Action Language

Zwar ist aufgrund dieser Kriterien die nachfolgend ablaufende Transition für einen aktiven Zustand eindeutig bestimmt, doch sollten im Sinne einer sauberen Programmierung Situationen vermieden werden, bei der die geometrische Anordnung entscheidet. Bei gewählter Debugger Option *Conflicting Transitions* (vgl. Abb. 4-5) werden solche Konfliktsituationen bei der Simulation erkannt und angezeigt. Für die Modellierung echter Konfliktsituationen, beispielsweise für die Modellierung eines nichtdeterministischen Zustandsautomaten, muss der Aufruf eines Zufallsgenerators programmiert werden, um die abzulaufende Transition (per Zufall) zu bestimmen.

ction Bei der Programmierung von mit Zuständen verknüpften Aktionen gilt die Syntax:

`state_name/` Zuerst steht der Name des Zustands. Der Schrägstrich ist optional.

`entry:` Schlüsselwort, um jene Aktionen zu bezeichnen, die beim Eintritt in den Zustand ausgeführt werden sollen (vgl. Tabelle 4-1).

Temporal Logic Operators

Neben den üblichen Operatoren, deren Schreibweise sich an der Programmiersprache C orientiert, definiert Stateflow zusätzlich die folgenden temporalen Logikoperatoren [3]:

- `after(pos_int,event_name)`
- `before(pos_int,event_name)`
- `at(pos_int,event_name)`
- `every(pos_int,event_name)`

Dabei ist `pos_int` ein MATALB Ausdruck, der zu einem positiven Integerwert evaluiert. Das folgende Beispiel soll den Gebrauch des *after-Operators* in einem Transitionslabel illustrieren:

`event_clock[after(10,event_clock) && temp==cold]`

Diese Bedingung erlaubt eine Transition aus dem verknüpften Zustand nur, falls sich zehn Ereignisse `event_clock` ereignet haben, seitdem der verknüpfte Zustand aktiv ist, und die Variable `temp` den Wert `cold` besitzt.

User-Written Functions

Aktionen können Aufrufe zu selbst geschriebenen Funktionen enthalten. Die Funktionen können textuell in MATLAB oder C programmiert oder graphisch als sog. *graphical Function* durch ein Stateflow-Flussdiagramm definiert werden. Im Zustand `idle` (vgl. Abb. 3-3) wird jeweils als *entry-Aktion* die MATLAB-Funktion `parkhaus.m` mittels `ml` aufgerufen:

`ml('parkhaus(%d,%d)',Autos,Plaetze)`

Man beachte, dass Stringargumente in Hochkommas zu setzen sind. Vor dem Aufruf werden die aktuellen Werte der (lokalen) Stateflow Variablen `Autos` und `Plaetze` entsprechend der Formatspezifikationen (hier: %d für Integer) eingesetzt. Im Beispiel `parkhaus_asynchron.mdl` könnte die Variable `Plaetze` statt lokal als eine MATLAB-*Workspace* Variable *FrWs* definiert und dann wie folgt als Parameter übergeben werden:

`ml('parkhaus(%d,Plaetze)',Autos)`

In einer Stateflow Aktion können einer selbst geschriebenen Funktion auch Argumente *by reference* übergeben werden. Im folgenden Aufruf ist `x` eine (lokale) Stateflow Variable und `func` eine in C geschriebene Funktion, die als Argument die Adresse von `x` erwartet:

`func(&x)`

Das Erstellen einer *graphical Function* ist in Abb. 4-2 schematisch dargestellt. Die Funktion `parkhaus2()` hat die gleiche Semantik wie die MATLAB-Funktion `parkhaus.m` und wird nach der Übersetzung des Zustandsdiagramms als C-Funktion aufgerufen:

`parkhaus2(Autos,Plaetze)`

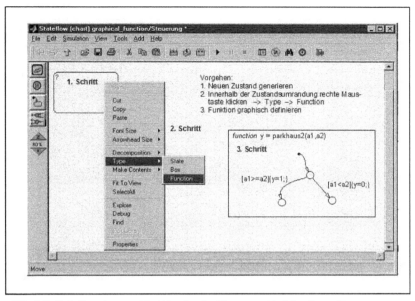

Abb. 4-2: Definition einer graphical Function (parkhaus_graphical_function.mdl)

4.2 Inner Transitions

Inner Transitions sind eine spezielle Art von Transitionen, die beim Ablaufen den Ausgangszustand nicht verlassen. Wie die Bezeichnung „Inner Transitions" andeutet, werden sie innerhalb eines (Super-)Zustands benützt. *Inner Transitions* dienen primär der Vereinfachung von Zustandsdiagrammen, was anhand des Superstate_A von Abb: 4-3 bzw. Abb. 4-4 illustriert wird. Nach der Aktivierung des Diagramms wird abhängig von den Bedingungen C_one, C_two und C_three in die Substates A1, A2 oder A3 verzweigt. Anschließend wird auf das Auftreten eines Ereignisses E_one gewartet und abhängig von den Bedingungen C_one bis C_three zwischen den Substates A1, A2 und A3 gewechselt. Das im Wesentlichen gleiche Verhalten wird auch durch die (vereinfachte) Statechart von Abb. 4-4 beschrieben.

Auch in Abb. 4-4 wird nach der Aktivierung des Diagramms abhängig von den Bedingungen C_one, C_two und C_three in die Substates A1, A2 oder A3 verzweigt. Wenn anschließend ein Ereignis E_one auftritt und die am Rand von Superstate_A beginnende *Inner Transition* abläuft, werden bei der *Connective Junction* erneut die Bedingungen C_one bis C_three ausgewertet und entsprechend in die Substates A1, A2 oder A3 verzweigt.

31

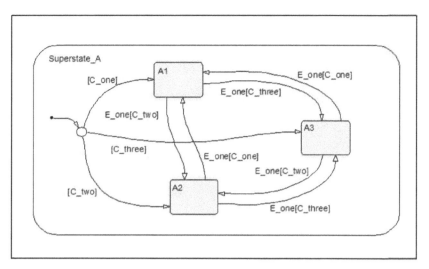

Abb. 4-3: Superstate mit drei exklusiven Substates ohne Inner Transitions

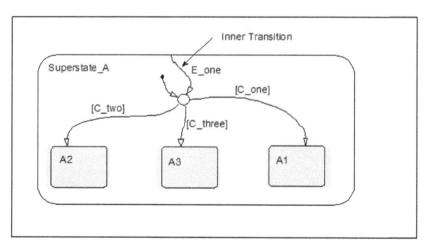

Abb. 4-4: Superstate mit drei exklusiven Substates und einer Inner Transition

Die *Inner Transition* wird also immer wieder unabhängig vom Ausgangszustand A1, A2 oder A3 durchlaufen. Dabei ist bezüglich der Semantik festzuhalten, dass ein Ausgangszustand nicht verlassen wird, falls der Destinationszustand und der Ausgangszustand identisch sind. Befindet sich beispielsweise das System im Zustand A2 und ein Ereignis E_one tritt auf, so bleibt das System im Zustand A2, falls C_one und C_three falsch und C_two wahr sind. Das System geht nicht etwa aus dem Zustand hinaus und kehrt in diesen zurück. Insbesondere werden keine allfälligen *entry-* und *exit-Aktionen* von A2 ausgeführt, was auch der Semantik des Diagramms von Abb. 4-3 entspricht. Hingegen resultiert ein unterschiedliches Verhalten der beiden Statecharts beispielsweise in der folgenden Situation. Das System ist im Zustand A3, die Bedingung C_one ist falsch, und die Bedingungen C_three und C_two sind wahr. Beim Eintreffen eines Ereignisses E_one findet in Abb. 4-3 ein Zustandswechsel in den Zustand A2 statt, während in Abb. 4-4 das System, zwar unter dem Hinweis *Conflicting Transitions*, im Zustand A3 bleibt.

4.3 Debugger

Der Debugger wird durch Betätigen des entsprechenden *Buttons* im *Toolbar* oder mittels rechter Maustaste aufgerufen. Beim ersten Aufruf erscheint dessen Hauptfenster, das horizontal in verschiedene Bereiche unterteilt ist (vgl. Abb. 4-5). An den gesetzten Breakpoints wird die Simulation angehalten und die gewünschten Informationen werden angezeigt; u.a. aktuelle Datenwerte, aktive Zustände, Sequenz der aufgetretenen Ereignisse, bereits ausgeführter („geprüfter") Codeanteil. Neben den üblichen Funktionen eines Debuggers besitzt der Stateflow Debugger Methoden zur Überprüfung der Korrektheit einer Statechart zur Laufzeit.

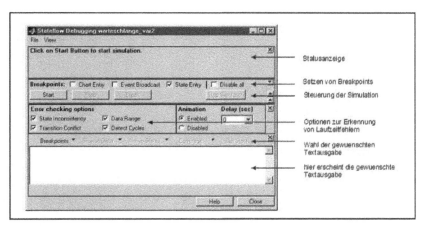

Abb. 4-5: Hauptfenster des Stateflow Debuggers

Mittels *State Inconsistency Check* werden ungültige (syntaktisch unkorrekte) Zustände einer Statechart durch Simulation detektiert. Beispielsweise ist eine Statechart zu einem Zeitpunkt in einem ungültigen Zustand, wenn von zwei parallelen Zuständen nur einer aktiv ist (vgl. auch Kapitel 3.3) oder wenn kein Substate eines aktiven States aktiv ist. Eine solche Situation ist in Abb. 4-6 festgehalten, wo beim Eintritt in den State A alle drei Bedingungen C_1, C_2 und C_3 nicht erfüllt sind und daher kein Substate aktiv werden kann.

Nebenbei sei darauf hingewiesen, dass bei einem an einem Breakpoint gestoppten Debugger das MATLAB-Kommandofenster nicht zugänglich ist. Es besteht dafür die Möglichkeit, MATLAB-Befehle im mit MATLAB *Command* bezeichneten Feld des Debugger Fensters einzugeben.

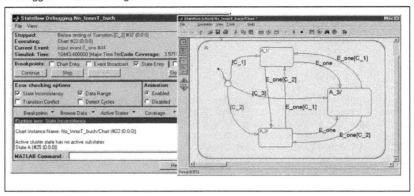

Abb. 4-6: Laufzeitfehler verursacht durch eine Zustandsinkonsistenz

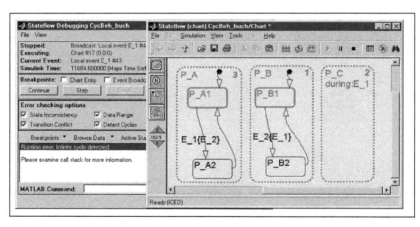

Abb. 4-7: Laufzeitfehler verursacht durch eine unendliche Schleife

Wie in Kapitel 4.1 erwähnt wurde, sind verschachtelte Ereignisbroadcasts möglich. Werden dabei die involvierten Ereignisse in *Condition Actions* gesendet, so sind die jeweiligen Ausgangszustände der Transitionen noch aktiv und können weitere Ereignisse empfangen. Wird nun erneut dasjenige Ereignisse empfangen, das die ursprüngliche *Condition Action* ausgelöst hat, entstehen ein Zyklus und somit eine unendliche Schleife. In Abb. 4-7 verursachen die beiden parallelen Prozesse P_A und P_B eine unendliche Rekursion durch zwei gegenseitige *Broadcast*-Ereignisse.

5 Beispielhafte Anwendung von Stateflow als Entwurfswerkzeug

Abschließend soll anhand eines kleinen Projekts die Anwendung von Stateflow als Werkzeug für den Steuerungsentwurf demonstriert werden.

5.1 Beschreibung der Anlage und Problemformulierung

Die zu steuernde Anlage, ein leicht modifiziertes Beispiel aus [11], ist in Abb. 5-1 schematisch dargestellt. Von einem Druckkessel können Verbraucher Druckluft entnehmen. Zur Erzeugung der Druckluft sind zwei Kompressoren installiert, die durch die Signale Ein_A bzw. Ein_B ein- und ausgeschaltet werden. Allfällige Störungen der Motoren werden durch Meldungen signalisiert.

Der Druck im Kessel wird mit zwei Druckschaltern überwacht. Der Druckschalter PS_1 spricht an, wenn der Druck unter 3,0 [bar] sinkt, bzw. der Druckschalter PS_2 bei 2,8 [bar]. Die Steuerungsaufgabe besteht nun darin, den Druck im Kessel trotz nicht vorhersehbarer Luftabnahme durch verschiedene Verbraucher einigermaßen konstant zu halten. Dazu sind die beiden Kompressoren in Abhängigkeit von den beiden Drucksignalen und den Gestörtmeldungen ein- bzw. auszuschalten.

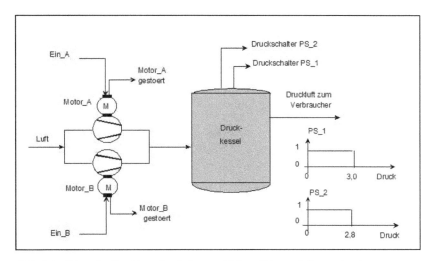

Abb. 5-1: Skizze des Druckkessels mit den zugehörigen Aktor- und Sensorsignalen

Die Aufgabenstellung sei umgangssprachlich wie folgt spezifiziert:

- Beim Ansprechen von PS_1, also beim Unterschreiten von 3,0 [bar], soll ein Motor laufen.
- Die Motoren sollen zwecks gleichmäßiger Abnutzung immer abwechselnd laufen.
- Ist ein Motor gestört, soll bei Bedarf (PS_1=1) der jeweils andere laufen.
- Beim Ansprechen von PS_2, also beim Unterschreiten von 2,8 [bar], sollen beide Motoren gleichzeitig laufen.

Da zum Testen der Steuerung die Anlage simuliert werden soll, wird zunächst ein Simulink-Modell der Anlage erstellt. Für diesen Zweck darf vereinfachend angenommen werden, dass der Druck der Luftmenge im Kessel entspricht. In diesem Fall kann der Druckkessel durch einen Integrator beschrieben werden. Das zugehörige Simulink Blockschaltbild ist in Abb. 5-2 wiedergegeben. Der *Slider Gain* Zeitskalierung dient lediglich der Anpassung der Simulationsgeschwindigkeit, um je nach verfügbarer Rechnerleistung eine anschauliche Animation zu erhalten.

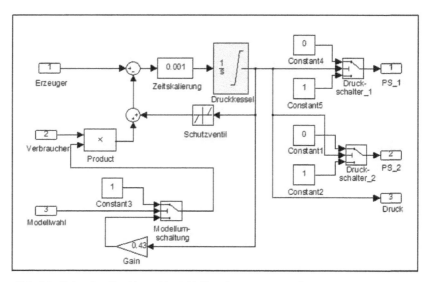

Abb. 5-2: Subsystem Druckkessel (projekt_Kessel_ungesteuert.mdl)

Das *Subsystem* Druckkessel enthält neben dem eigentlichen Kessel die beiden Druckschalter PS_1 und PS_2 sowie ein Schutzventil, um unzulässigen Überdruck zu vermeiden. In diesem Zusammenhang interessiert jedoch diese Schutzfunktion nicht und könnte weggelassen werden; genauso wie beispielsweise das Drosselventil in der Drucklufteinspeisung nicht modelliert wurde. Für die Modellierung der Luftabnahme kann zwischen zwei Modellvarianten umgeschaltet werden.

Bei der Variante Modellwahl=1 ist die Abnahme durch den Wert am *Inport* Verbraucher bestimmt. Bei Modellwahl=0 ist die Abnahme proportional zum Druck im Kessel und der Wert am *Inport* Verbraucher kann als „Ventilöffnung" interpretiert werden. Diese zusätzliche „Rückführung" des Drucks verursacht ein (grundsätzlich) anderes dynamisches Verhalten der gesteuerten Anlage, was die Simulation zeigen wird.

5.2 Steuerungsentwurf

Dieses Steuerungsproblem von geringer Komplexität – vier binäre Eingangs- und zwei binäre Ausgangssignale sowie eine einfache und klare Spezifikation des Ziels – kann selbstverständlich intuitiv gelöst werden. Die Steuerung kann als asynchrones Schaltwerk mit einem Flip-Flop, das sich den vorher gelaufenen Motor merkt, und ein paar Logikgattern realisiert werden (vgl. [11]). Hier soll jedoch ein systematischer Entwurf illustriert werden (vgl. [12,13]). Der vermeintliche Mehraufwand eines systematischen Entwurfs zahlt sich spätestens dann aus, wenn eine Anlage erweitert oder die Spezifikation geändert und ein Großteil der geleisteten Entwurfsarbeit wiederverwendet werden kann. Das hier benützte Entwurfsvorgehen basiert auf einer einfachen Beziehung zwischen der Menge der möglichen Ereignissequenzen des ungesteuerten Systems (M_u) und der Menge der möglichen Ereignissequenzen des gesteuerten Systems (M_g). Es gilt nämlich die Relation:

$$M_g \subseteq M_u$$

Die Menge der Ereignissequenzen des gesteuerten Systems ist also eine Untermenge der Menge der Ereignissequenzen des ungesteuerten Systems oder anders ausgedrückt: es ist die Aufgabe der Steuerung gewisse (unerwünschte) Ereignissequenzen zu verhindern. Daher wird in einem ersten Schritt das ungesteuerte System als ein ereignisgetriebens System beschrieben; d.h. in Stateflow mittels Statecharts. Im zweiten Schritt wird dann das gesteuerte System als Statechart beschrieben. Diese Statechart erhält man aus der Statechart des ungesteuerten Systems, indem man deren Transitionen an entsprechende Bedingungen knüpft und ggf. Aktionen einführt, so dass unerwünschte Zustandsübergänge nicht mehr ablaufen können. Dabei sollen diese zusätzlichen Bedingungen das ursprüngliche Verhalten möglichst wenig einschränken; d.h. eine Steuerung sollte „minimal restriktiv" sein. Insbesondere sollen nach wie vor möglichst viele Teilprozesse parallel ablaufen. Bei späteren Spezifikationsänderungen muss selbstverständlich nur der zweite Schritt wiederholt werden und die aufwendigere Modellierung der ungesteuerten Anlage kann wiederverwendet werden. – Einmal ganz abgesehen davon, dass man bei den meisten Anwendungen eine Modellierung der zu steuernden Anlage für die Prozessvisualisierung oder Simulationszwecke sowieso benötigt.

5.2.1 Modellierung der ungesteuerten Anlage

Im ersten Schritt wird der ungesteuerte Prozess durch eine Statechart beschrieben. Die Anlage besteht aus einem Druckkessel und zwei Motoren; d.h. drei parallelen Teilprozessen. Gemäß Aufgabenstellung kann der Druck im Kessel unter 3,0 [bar] oder sogar unter 2,8 [bar] sinken. Das Unter- bzw. Überschreiten einer Schwelle entspricht einem Ereignis im Kessel und wird als steigende bzw. fallende Flanken eines der beiden Druckschaltersignale detektiert. Die vier Übergänge ergeben eine Unterteilung des Druckbereichs in drei Bereiche, wobei je nach Druckbereich kein, ein oder zwei Motoren laufen sollen. Somit wird der Druckkessel durch einen Zustandsautomaten mit drei Zuständen (Druck_hoch, Druck_mittel und Druck_tief) beschrieben, dessen Zustandsübergänge beim Ansprechen der entsprechenden Druckschalter ablaufen (vgl. Abb. 5-3). Dazu sind in Stateflow die Flanken der Druckschaltersignale als *Input Events* zu definieren.

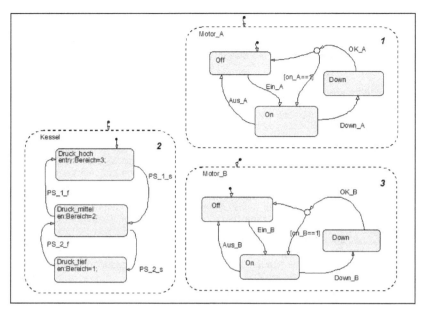

Abb. 5-3: Statechart Handbetrieb (projekt_Kessel_ungesteuert.mdl)

Ein Motor wird durch einen Zustandsautomaten mit den drei Zuständen Off, On und Down modelliert, wobei angenommen wird, dass ein Motor nur bei laufendem Betrieb ausfallen kann. Die Definition der Schnittstelle *Chart* Handbetrieb mit dem Simulink-Modell sowie das Simulink-Modell selbst sind in Abb. 5-4, bzw. Abb. 5-5 zu sehen.

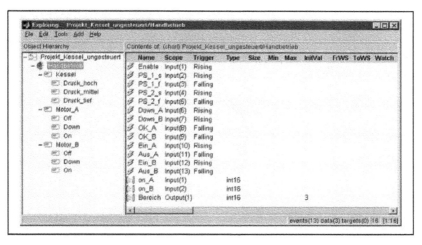

Abb. 5-4: Definition der Schnittstelle Handbetrieb (projekt_Kessel_ungesteuert.mdl)

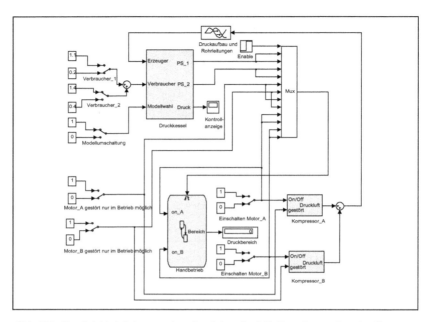

Abb. 5-5: Simulink-Modell der ungesteuerten Anlage (projekt_Kessel_ungesteuert.mdl)

5.2.2 Modellierung der gesteuerten Anlage

Im zweiten Schritt wird der gesteuerte Prozess beschrieben. Wie bereits erwähnt kann diese Beschreibung aus der Beschreibung des ungesteuerten Prozesses erhalten werden, indem die Zustandsübergänge an Bedingungen geknüpft und ggf. benötigte Aktionen eingeführt werden, so dass die geforderte Spezifikation erfüllt wird. In Abb. 5-6 ist die *Chart* Steuerung dargestellt. Ein Vergleich mit der *Chart* Handbetrieb von Abb. 5-3 zeigt, dass die beiden Statecharts dieselben Zustände und Transitionen aufweisen. Lediglich die Bezeichnungen einzelner Transitionen sind verschieden. Beispielsweise ist die Transition von Motor_A.Off zu Motor_A.On in Abb. 5-3 mit Ein_A bezeichnet und in Abb. 5-6 mit Ein. Dies soll verdeutlichen, dass die entsprechenden Ereignisse neu definiert werden. Während Ein_A in Abb. 5-3 ein Inputereignis aus Simulink (von Hand betrieben) ist, ist Ein in Abb. 5-6 als lokales Ereignis definiert (vgl. Auch Abb. 5-7), das aufgrund der Steuerung als Folgeereignis synchron mit *Input*-Ereignissen aus Simulink stattfindet.

42

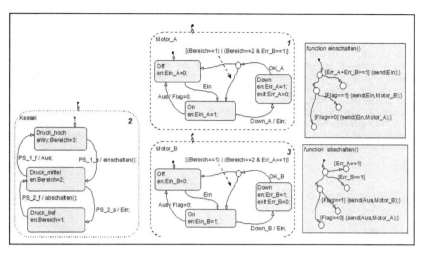

Abb. 5-6: Statechart Steuerung (projekt_Kessel_gesteuert.mdl)

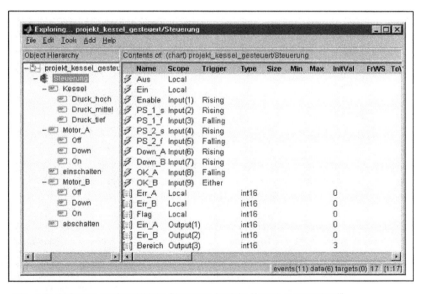

Abb. 5-7: Definition der Schnittstelle Steuerung (projekt_Kessel_gesteuert.mdl)

Die gegebene Spezifikation anvisierend sind die als *Transition Labels* eingeführten *Conditions* und *Transitionsactions* sowie die eingeführten *State Actions* leicht nachvoll-ziehbar. Vollständigkeitshalber werden wiederum die zugehörige Definition der Schnittstelle und das Simulink-Modell aufgeführt (Abb. 5-7 bzw. Abb. 5-8). Zum Simulink-Modell ist noch anzumerken, dass die beiden Blöcke *Product* es dem Benützer ermöglichen sollen, Störungen auch bei nicht laufendem Motor zu initiieren, obwohl das Zustandsdiagramm ein Störereignis nur bei laufendem Motor vorsieht. Durch den Block *Product* wird bei initiierter Störung (z.B. `Motor_A gestört=1`) eine steigende Flanke generiert, sowie die Steuerung den Motor eingeschaltet, d.h. `Ein_A=1` gesetzt hat. Nun erkennt die Steuerung die Störung und das entsprechende Inputereignis `Down_A` triggert die Transition in den Zustand `Motor_A.Down`.

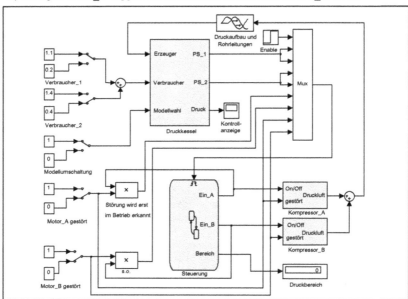

Abb. 5-8: Simulink-Modell der gesteuerten Anlage (projekt_Kessel_gesteuert.mdl)

5.3 Test und Implementierung

Als nächster Schritt folgt die Testphase, bei der zunächst die entworfene Steuerung durch Simulation mit Animation untersucht wird. Dabei wird vermutlich das unter-schiedliche dynamische Verhalten je nach Modellwahl festgestellt werden. Bei `Model-lwahl=0` existieren aufgrund der „stabilisierenden" Wirkung der Rückführung des Drucks stabile Gleichgewichtslagen („Arbeitspunkte"), wo die Erzeugung von Druckluft genau deren Verbrauch kompensiert. So stellt sich bei einer „Ventilöffnung" von

1,4+0,2=1,6 stationär ein Druck von 2,91 [bar] ein, bei dem gemäß Spezifikation ein Motor läuft. Solange kein neuer Verbraucher zu- oder abgeschaltet wird, läuft immer der gleiche Motor. Um auch in diesem Fall eine gleichmäßige Abnutzung der beiden Motoren zu erreichen, müsste die Spezifikation geändert und die Steuerung entsprechend erweitert werden. In der Regel wird dazu ein Timer eingesetzt, der nach Ablauf einer zu spezifizierenden Zeitdauer ein Zeitereignis auslöst und so eine Motorumschaltung triggert. Nach der Überprüfung des grundsätzlichen Verhaltens der Steuerung soll deren Echtzeitverhalten, die Rechenzeitverhältnisse, untersucht werden.

Dazu bieten MATLAB und Simulink die Möglichkeit einer *Hardware-in-the-Loop-Simulation,* bei der die Steuerung auf der Zielhardware implementiert und die zu steuernde Anlage auf dem PC mit Simulink und z.B. der *Hardware-Access-Toolbox* [14] in (weicher) Echtzeit simuliert werden. Der Code für die Zielhardware kann, wie bereits erwähnt, mittels *Real-Time-Workshop* und *Statelow-Coder* [15] sowie einem entsprechenden Compiler für das Zielsystem aus der *Chart* Steuerung generiert werden, wobei auch die benötigten Treiberroutinen eingebunden werden.

6 Literatur- und Abbildungsverzeichnis

[1]   Harel, D.: *Statecharts: A Visual Formalism for Complex Systems*, Science of Computer Programming 8, (1987) S. 231-274

[2]   Kiencke, U.: *Ereignisdiskrete Systeme*, Oldenbourg (1977)

[3]   STATEFLOW, User's Guide (Version 4); The MathWorks (2000)

[4]   Benveniste, A., Berry, G.: *The Synchronous Approach to Reactive and Real-Time Systems*, Proc. of the IEEE, Bd. 7, 9, (1991) S. 1270-1282

[5]   Caspi, P., Pilaud, D., Halbwachs, N., Plaice, J.A.: *LUSTRE: a declarative language for programming synchronous systems*, Proc. 14th ACM Symp. Principles of Programming Languages (1987)

[6]   Schnabel, M.K., Nenninger, G.M., Krebs, V.G.: *Konvertierung sicherer Petri-Netze in Statecharts*, at - Automatisierungstechnik, 12, (1999) S. 571-580

[7]   Brunner, U.: *Kommentar zu "Arithmetische Logik – Ein Brückenschlag zwischen diskreten Steuerungen und klassischen Regelungen"*, at–Automatisierungstechnik, 8, (1997) S. 395-396

[8]   Ramadge, P.J., Wonham, W.M.: *The Control of Discrete Event Systems*, Proc. IEEE, Bd. 77, 8, (1989) S. 81-98

[9]   Reisig, W.: *Petrinetze*, Springer-Verlag (1982)

[10]   Nenninger, G.M., Schnabel, M.K., Krebs, V.G.: *Modellierung, Simulation und Analyse hybrider dynamischer Systeme mit Netz-Zustands-Modellen*, at-Automatisierungstechnik, 3, (1999) S. 118-126

[11]   Litz, L., Frey, G.: *Methoden und Werkzeuge zum industriellen Steuerungsentwurf – Historie, Stand, Ausblick*, at-Automatisierungstechnik, 4, (1999) S. 145-156

[12]   Brunner, U.: *Eine Entwurfsmethodik für Prozesssteuerungen*. VDI-Bericht 1756, GMA-Kongress 2003, ISBN 3-18-091756-3, pp. 593-600

[13]   Brunner, U.: *Modellbasierter Entwurf von Steuerungen und Regelungen,* 4th International Symposium on AUTOMATIC CONTROL, Wismar, (2005)

[14]   Hardware Access Toolbox, User's Guide (Version 1.0); Aachener Forschungsgesellschaft Regelungstechnik e.V., Germany (1999)

[15]   REAL-TIME WORKSHOP, User's Guide (Version 4); The MathWorks (2000)

Verzeichnis der Abbildungen